Guizhou Sheng Guoshengdao Zaiyi Qiaoliang
贵州省国省道在役桥梁
Jiaotong Anquan Sheshi Xingneng Tisheng Gaizao Jishu Zhinan
交通安全设施性能提升改造技术指南

贵州省公路局　主编

人民交通出版社股份有限公司
China Communications Press Co.,Ltd.

内 容 提 要

为了规范贵州省国省道在役桥梁交通安全设施性能提升改造工程的实施,结合在役桥梁交通安全设施实际状况,特编写本指南。本指南着重阐述了贵州省国省道在役桥梁交通安全设施性能提升改造工程实施的总体要求、实施步骤和程序、工程设计的技术要求和改造设计方案、施工技术要求以及工程验收检验评定标准,并给出了护栏结构设计示例图和各种类型桥梁的方案设计思路和要点。

本指南可作为交通安全和桥梁工程相关专业的研究、设计、施工和监理技术人员的参考用书,也可供公路管理、交通管理人员参考使用。

图书在版编目(CIP)数据

贵州省国省道在役桥梁交通安全设施性能提升改造技术指南/贵州省公路局主编. — 北京:人民交通出版社股份有限公司,2019.4
ISBN 978-7-114-15425-6

Ⅰ.①贵… Ⅱ.①贵… Ⅲ.①公路桥—交通运输安全—安全设备—技改工程—贵州—指南 Ⅳ.
①U448.145.6-62

中国版本图书馆 CIP 数据核字(2019)第 055251 号

书　　名:	贵州省国省道在役桥梁交通安全设施性能提升改造技术指南
著 作 者:	贵州省公路局
责任编辑:	牛家鸣
责任校对:	赵媛媛
责任印制:	张　凯
出版发行:	人民交通出版社股份有限公司
地　　址:	(100011)北京市朝阳区安定门外外馆斜街 3 号
网　　址:	http://www.ccpress.com.cn
销售电话:	(010)59757973
总 经 销:	人民交通出版股份有限公司发行部
经　　销:	各地新华书店
印　　刷:	北京鑫正大印刷有限公司
开　　本:	880×1230　1/16
印　　张:	3.5
字　　数:	60 千
版　　次:	2019 年 4 月　第 1 版
印　　次:	2019 年 4 月　第 1 次印刷
书　　号:	ISBN 978-7-114-15425-6
定　　价:	40.00 元

(有印刷、装订质量问题的图书由本公司负责调换)

省交通运输厅关于印发《贵州省国省道在役桥梁交通安全设施性能提升改造技术指南（试行）》的通知

黔交建设〔2018〕218号

各有关单位：

为最大程度地减少车辆坠桥事故的发生，降低重特大交通事故的发生率和交通事故死亡率，保障国省干线公路的安全畅通，省交通运输厅组织省公路局等单位编写了《贵州省国省道在役桥梁交通安全设施性能提升改造技术指南（试行）》。现印发给你们，指南编号JTT52/01—2018，请认真贯彻执行。

请在实践中注意积累资料，总结经验，及时将发现的问题和修改意见函告厅基本建设管理处。

贵州省交通运输厅

2018年11月7日

《贵州省国省道在役桥梁交通安全设施性能提升改造技术指南》编委会

主 编 单 位：贵州省公路局

贵州省公路勘察设计院有限公司

交通运输部公路科学研究院

主要编写人员：秦　明　陈　震　张　舒　晏平浩　林　琨

袁　源　黄晓勇　贾　宁　张宏松　卜倩淼

黄海娅　任迅甫　黄　蛟　张中奎　王雪松

周　涌　向宏伟　高诗龙　彭顺显　杨刚军

杨志刚　雷盛金　陈　静　瞿树林　彭佑勇

胡尔华　程　益　蒲星因　郑伏龙　吕清砖

唐健鸿　张连锋　李　涛　夏　怡　刘　辉

王立君　汝　炬　熊政勇

主要审查人员：丁昭平　束　懿　侯德藻　王声毅　杨赞华

前　言

贵州省高原山地居多,国省道中桥梁所占比例较高。由于早期建设资金以及技术手段的制约,部分在役桥梁桥侧仅设置不具备防护能力的栏杆或所设置护栏的防护等级较低。随着国省道桥面技术条件的改善,车辆运行速度提高,早期修建的部分桥梁护栏已不能满足目前交通流的防护需求,桥面加铺罩面后也导致护栏的有效防护高度降低,亟须进行全面的隐患排查和防护性能提升改造。

贵州省交通运输厅和贵州省公路局结合公路安全生命防护工程对国省道桥梁安全防护设施开展大规模的安全隐患排查治理,但受限于原有桥梁结构设计荷载等级较低,改造方案设计须充分考虑防护设施改造后对碰撞荷载的承载能力、护栏基础与桥面板的连接以及对原有护栏和栏杆的改造再利用。综上所述,在役桥梁交通安全设施性能提升改造工程的实施面临一系列技术难题。

基于贵州省国省道桥梁安全防护设施改造的技术需求,贵州省交通运输厅和贵州省公路局组织编制本指南,以指导国省道在役桥梁安全防护设施性能提升改造工作。本指南的编制实施,将全面提升贵州省国省道在役桥梁路段的交通安全保障水平。

本指南共包括 5 章和 3 个附录。第 1 章总则,规定了改造工程的实施目的、实施原则和实施目标,以及指南的适用范围和编制依据;第 2 章实施步骤和程序,规定了实施总体要求以及工程设计、施工和验收的工作内容和要求;第 3 章工程设计,提出了护栏、人行道栏杆、防落物网、交通标志、交通标线等安全设施的设计要求,并针对各种类型桥梁主体结构和桥面布置现状,给出改造设计方案要点;第 4 章工程施工,重点规定桥面板加强施工以及化学植筋和植入化学锚栓的施工要求;第 5 章工程验收,给出改造工程验收时检验评定标准。附录 A 和附录 B 给出了混凝土护栏、金属梁柱式护栏、护栏和人行道栏杆组合设计等的设计示例图,设计人员可根据实际情况参考使用。附录 C 结合第 3 章规定的各种类型桥梁的设计方案要点,给出具体的设计思路和步骤,供设计人员参考。

请各单位将使用过程中发现的问题或建议反馈至贵州省公路勘察设计院有限公司(地址:贵州省贵阳市都匀路金利大厦 19 楼;邮编:550022;联系人:袁源;电话:0851-84122050),以便进一步修改和完善。

目　　次

1 总则 ··· 1
  1.1 编制目的 ·· 1
  1.2 适用范围 ·· 1
  1.3 编制依据 ·· 1
  1.4 实施原则 ·· 1
  1.5 实施目标 ·· 2
2 实施步骤和程序 ·· 3
  2.1 总体要求 ·· 3
  2.2 工程设计 ·· 3
  2.3 工程施工 ·· 4
  2.4 工程验收 ·· 4
3 工程设计 ··· 5
  3.1 防护设施设计 ·· 5
  3.2 交通标志标线设计 ·· 14
  3.3 设计方案 ·· 16
4 工程施工 ··· 21
  4.1 一般规定 ·· 21
  4.2 防护设施和交通标志标线施工 ·· 21
  4.3 桥面板加强施工 ··· 21
  4.4 化学植筋和植入化学锚栓施工 ·· 22
5 工程验收 ··· 23
  5.1 一般规定 ·· 23
  5.2 交通标志标线、护栏和防落物网 ··· 23
  5.3 植入钢筋和化学锚栓 ·· 23
附录 A　护栏设计示例图 ··· 25
附录 B　人行道栏杆和桥梁护栏组合设置示例图 ··· 30
附录 C　设计方案示例 ·· 34

1 总则

1.1 编制目的

为提高贵州省国省道在役桥梁交通安全设施的安全保障水平,指导贵州省国省道在役桥梁交通安全设施性能提升改造工程的实施,制定本技术指南。

1.2 适用范围

本指南适用于贵州省国省道在役桥梁实施公路安全生命防护工程、桥梁大中修、桥梁加固时的安全防护设施改造,县乡公路可参照使用。

1.3 编制依据

(1)《公路工程技术标准》(JTG B01)
(2)《公路护栏安全性能评价标准》(JTG B05-01)
(3)《公路交通安全设施设计规范》(JTG D81)
(4)《公路交通安全设施设计细则》(JTG/T D81)
(5)《公路安全生命防护工程实施技术指南(试行)》
(6)《公路钢筋混凝土及预应力混凝土桥涵设计规范》(JTG 3362)
(7)《道路交通标志和标线》(GB 5768)
(8)《公路交通标志和标线设置规范》(JTG D82)
(9)《公路桥梁加固设计规范》(JTG/T J22)
(10)《公路交通安全设施施工技术规范》(JTG F71)
(11)《公路桥涵施工技术规范》(JTG/T F50)
(12)《公路桥梁加固施工技术规范》(JTG/T J23)
(13)《公路工程质量检验评定标准 第一册 土建工程》(JTG F80/1)
(14)国家和行业其他现行相关标准规范

1.4 实施原则

(1)一桥一方案。在役桥梁交通安全设施性能提升改造工程要紧密结合桥梁主体结构技术现状、桥面布置、交通运行以及事故情况,因地制宜、因桥制宜地制定工程设计和施工方案。

(2)综合施策。在役桥梁交通安全设施性能提升改造工程应从减少交通事故发生概率和降低事故严重程度两方面考虑,综合采用护栏、人行道栏杆、交通标志标线、交通安全管理等措施,注意避免盲目设防或过度设防。

(3)逐步完善。在役桥梁交通安全设施性能提升改造工程的实施是一个长期、持续、不断改进的过程,应统筹规划、分步实施、不断完善,逐步提高在役桥梁安全防护设施的安全保障水平。

(4)经济适用。在役桥梁交通安全设施性能提升改造工程的实施应充分考虑原有桥梁护栏或栏杆以及交通标志等设施的重复再利用,采用经济适用的改造方案,实现效益最大化。

1.5 实施目标

充分考虑实际情况和财力可能,区分轻重缓急,先行实施安全风险较高的桥梁路段,逐步将在役桥梁安全防护设施性能提升至满足现行设计规范要求,全面提升国省道在役桥梁路段的交通安全保障水平。

2 实施步骤和程序

2.1 总体要求

在役桥梁安全防护设施设置满足现行设计规范要求时,可不实施改造工程。

在役桥梁未设置护栏或护栏设置不满足现行设计规范要求时,应采用《公路安全生命防护工程实施技术指南(试行)》第 3 章规定的方法进行桥梁路段风险排查,按照排查结果对路段进行分类,并确定实施顺序。A 类路段应优先实施桥梁安全防护设施提升改造,然后是 B 类和 C 类路段,优先次序依次降低。

在役桥梁交通安全设施性能提升改造工程,应结合桥梁主体结构、桥面布置、桥梁技术状况评定等技术资料进行改造方案可行性评估,同时还应考虑施工的方便和安全。采用防护设施改造后的恒载和碰撞荷载进行桥梁主体结构承载力验算,结合验算结果选择适合的护栏形式,必要时进行桥面板加强。

存在下列情况时,应进行经济性和安全性的进一步论证,以确定是否进行桥梁主体结构加固改造或重点采取改善交通标志和标线的主动引导预防措施:

(1)桥面板加强后承载力验算仍未通过。
(2)桥面布置不满足护栏设置宽度要求。
(3)桥梁技术状况为四、五类危桥。

在役桥梁交通安全设施性能提升改造工程实施步骤:工程设计、工程施工和工程验收。各部分工作程序和技术内容应满足现行国家及行业相关法律法规和技术标准的规定。

2.2 工程设计

在役桥梁交通安全设施性能提升改造工程设计工作内容包括:基础资料收集,护栏、人行道栏杆以及防落物网等防护设施改造设计,交通标志和标线设计。

(1)设计前期应收集的基础资料包括:
①桥梁路段公路技术等级以及平面和纵断面线形资料;
②桥梁路段设计速度、运行速度以及限速;
③桥梁主体结构、桥面布置以及安全防护设施的设计资料;
④桥梁技术状况评定的技术资料;
⑤桥梁加固、桥梁大中修、桥面加铺罩面、安全防护设施改造等工程资料;

⑥桥梁高度以及桥侧障碍物情况的现场调查资料；
⑦交通量以及车型构成资料；
⑧交通事故资料。

（2）护栏和人行道栏杆等防护设施改造设计内容包括：
①护栏与人行道纵梁、人行道板以及人行道栏杆的配套设置；
②护栏防护等级确定；
③护栏选型；
④护栏和人行道栏杆的结构设计；
⑤护栏过渡段及端头设计；
⑥护栏与桥面板的连接设计以及桥面板加强设计；
⑦防落物网设计。

（3）交通标志和标线的设计内容包括：
①交通标志、标线的设置规模；
②交通标志的设置位置、版面尺寸和内容、反光要求、支撑结构设计、连接件及锚固件大样、基础尺寸及配筋等；
③交通标线的设置位置、尺寸、材料、颜色、反光要求等。

2.3　工程施工

在役桥梁交通安全设施性能提升改造工程应按照相关技术标准和管理规定组织工程施工；建立健全质量监管体系，确保工程质量；严格施工现场管理，合理布设施工作业区，做好交通组织管理工作，保证交通安全及现场施工人员安全。

2.4　工程验收

原则上在工程验收之前应进行交工审核，重点对工程施工质量、施工与设计的符合性等进行审核，存在问题的应进行整改，通过交工审核之后即可进行项目验收。严格验收标准，安全设施验收不合格的项目不得通车运营。

3 工程设计

3.1 防护设施设计

3.1.1 一般规定

防护设施设置不得侵入公路建筑限界以内。防护设施设计应在对桥梁主体结构技术现状、桥面布置、交通运行以及事故情况等进行调查分析的基础上,遵循经济适用的原则,科学论证并合理确定防护设施的结构形式以及护栏的防护等级。

设计中采用现行《公路交通安全设施设计细则》(JTG/T D81)没有规定的桥梁护栏、护栏过渡段以及护栏端头时,应按照现行《公路护栏安全性能评价标准》(JTG B05-01)的规定进行安全性能评价,评价合格后方可在工程中应用。

鼓励设计中采用预制装配的防护设施形式,当采用现行《公路交通安全设施设计细则》(JTG/T D81)没有规定的预制装配式护栏结构时,应对装配连接强度进行充分论证,必要时应按照现行《公路护栏安全性能评价标准》(JTG B05-01)的规定进行安全性能评价。

3.1.2 护栏防护等级选取原则

各等级公路桥梁桥侧应设置护栏,以阻挡碰撞能量小于或等于设计防护能量的碰撞车辆驶出桥外。国省道在役桥梁护栏采用的防护等级有二~八级,各防护等级的设计防护能量如表3-1所示。

国省道桥梁护栏防护等级　　表3-1

防护等级	二	三	四	五	六	七	八
代码	B	A	SB	SA	SS	HB	HA
设计防护能量(kJ)	70	160	280	400	520	640	760

根据车辆驶出桥外可能造成的事故严重程度等级,桥梁护栏防护等级选取应符合表3-2的规定。

存在下列情况时,经综合论证,护栏的防护等级可在表3-2规定的基础上提高1个或以上等级:

(1)位于连续长下坡路段;右转平曲线半径接近或等于现行《公路工程技术标准》(JTG B01)第4章规定的最小半径值的路段(中央分隔带护栏);左转平曲线半径接近或

等于最小半径值的路段(路侧护栏)。

(2)桥梁高度(桥面与低水位或桥下线路路面之间的高差)在30m以上的路段。

(3)总质量超过25t的车辆自然数所占比例大于20%的路段。

跨越大型饮用水水源一级保护区和高速铁路的桥梁以及特大悬索桥、斜拉桥等缆索承重桥梁,护栏防护等级宜采用八(HA)级。

桥梁护栏防护等级选取　　　　表3-2

公路等级	设计速度(km/h)	车辆驶出桥外的事故严重程度等级	
		高:跨越公路、铁路或城市饮用水水源一级保护区等路段的桥梁	中:其他桥梁
一级公路	100、80	五(SA、SAm)级	四(SB、SBm)级
	60	四(SB、SBm)级	三(A、Am)级
二级公路	80、60	四(SB)级	三(A)级
三级公路	40、30、20	三(A)级	二(B)级
四级公路			

3.1.3 护栏选型

在役桥梁交通安全设施性能提升改造工程采用的护栏结构形式包括刚性护栏、半刚性护栏和组合式护栏,不应采用缆索护栏。刚性护栏是车辆碰撞后基本不变形的护栏,混凝土护栏是主要代表形式。半刚性护栏在车辆碰撞后有一定的变形,具有一定的强度和刚度,金属梁柱式护栏是主要代表形式。组合式护栏是指由上部金属梁柱式结构和下部混凝土墙体组合而成的护栏形式。

护栏选型应遵循下列原则:

(1)充分利用原有桥梁护栏及护栏基础,避免拆除原有桥梁护栏及护栏基础损坏桥梁主体结构。

(2)桥梁主体结构承载力不能满足混凝土护栏受力要求时宜采用金属梁柱式护栏,以减小桥梁自重,降低车辆碰撞荷载对桥面板的影响。

(3)桥梁护栏受碰撞后,其最大动态位移外延值(W)或大中型车辆的最大动态外倾当量值(VI_n)不应超过护栏迎撞面与被防护的障碍物之间的距离。

(4)积雪严重地区的桥梁宜采用金属梁柱式护栏。

(5)混凝土护栏具有全寿命成本较低的优点,条件允许时宜优先采用。

(6)对景观有特殊要求的桥梁宜采用金属梁柱式护栏。

(7)二级及二级以上公路小桥、通道、明涵的护栏形式宜与相邻的路基护栏相同。

(8)除对原有波形梁护栏进行改造以外,护栏选型不推荐使用波形梁护栏。

3.1.4 混凝土护栏设计

桥梁混凝土护栏迎撞面的坡面形式包括F型、单坡型、加强型,如图3-1a)和

图3-1b),图中 B、B_1、B_2、H_1 等参数根据护栏高度 H 经计算确定。未经试验验证,不得随意改变护栏迎撞面的坡面形状,但其背面可根据实际情况采用合适的形状。护栏防护等级要求较高的路段可根据需要在护栏顶部设置阻爬坎,如图3-1c)所示。各防护等级混凝土护栏的高度不应小于表3-3的规定值,混凝土护栏高度的基线为迎撞面内侧与桥面的相交线。

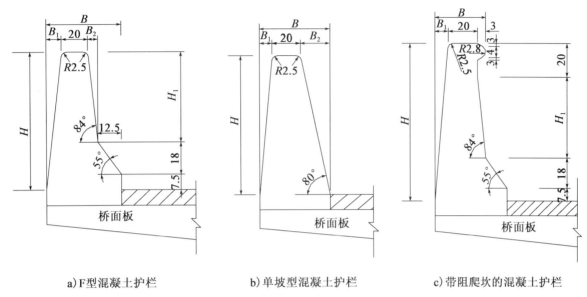

a) F型混凝土护栏　　b) 单坡型混凝土护栏　　c) 带阻爬坎的混凝土护栏

图3-1　混凝土护栏外形尺寸(尺寸单位:cm)

混凝土护栏的高度　　　　　　　　　表3-3

防护等级	二(B)	三(A)	四(SB)	五(SA)	六(SS)	七(HB)	八(HA)
高度(cm)	70	81	90	100	110	120	130

桥梁混凝土护栏的配筋可根据现行《公路交通安全设施设计细则》(JTG/T D81)附录D规定的方法进行设计计算,并应符合现行《公路钢筋混凝土及预应力混凝土桥涵设计规范》(JTG 3362)第9章的构造规定,护栏迎撞面混凝土的钢筋保护层厚度不得小于4.5cm。

附录 A.1~A.4 给出常用的三级(A级)~五级(SA级)单坡型混凝土护栏以及六级(SS级)F型混凝土护栏的结构设计示例图,供设计人员结合实际情况参考使用。其中A级单坡型混凝土护栏顶宽减小至16.3cm,可应用于桥面宽度受限的桥梁中。当采用三级(A级)~五级(SA级)的F型混凝土护栏时,护栏墙体配筋可参考附录中相应防护等级的单坡型混凝土护栏,护栏外形尺寸应满足图3-1和表3-3的规定。

桥面加铺时的桥梁混凝土护栏改造应针对增大的护栏恒载和碰撞荷载对原桥梁主体结构进行受力验算,结合不同的加铺厚度和原桥梁护栏形式,具体改造方案包括:

(1)对于F型混凝土护栏,当原护栏外形尺寸满足图3-1和表3-3的规定时,桥面加铺厚度小于75mm时可不进行改造处理。

(2)对于单坡型混凝土护栏,可在护栏顶面植筋浇筑混凝土,补浇减少的护栏有效高度,单坡面墙体部分高度达到70cm时后浇筑混凝土部分的坡面可采用直墙型,植筋以及后浇筑混凝土的配筋应满足相应防护等级桥梁混凝土护栏的配筋要求。

(3)对于单坡型以外其他坡面形式的混凝土护栏,当桥梁主体结构不满足设置混凝土护栏的恒载以及碰撞荷载受力要求时,宜通过植入化学锚栓设置金属梁柱式护栏。当既有混凝土底座高度大于设计值时,可凿除多余的混凝土高度;当既有混凝土底座高度小于设计值时,可通过植筋浇筑混凝土补充不足的混凝土高度。

(4)对于单坡型以外其他坡面形式的混凝土护栏,当桥梁主体结构满足设置混凝土护栏的恒载以及碰撞荷载受力要求时,宜优先采用混凝土护栏。实施时首先将既有混凝土护栏凿毛并露出钢筋,按照混凝土护栏的坡面尺寸及配筋要求,采用焊接、植筋等方式补充配筋,支模浇筑混凝土,形成满足规范要求的混凝土护栏。

(5)当桥面加铺后混凝土护栏改造无法采用以上方案时,若采用与现行《公路交通安全设施设计细则》(JTG/T D81)规定不同的护栏结构形式,应根据现行《公路护栏安全性能评价标准》(JTG B05-01)进行安全性能评价,评价合格后方可在工程中应用。

3.1.5 金属梁柱式护栏设计

金属梁柱式护栏迎撞面应顺适、光滑、连续、无锋利的边角。

车辆与金属梁柱式护栏的位置关系如图3-2所示。$\bar{Y}$和Y_i的计算基线为护栏迎撞面与桥面板平面的相交线。各防护等级护栏的高度应满足下列规定:

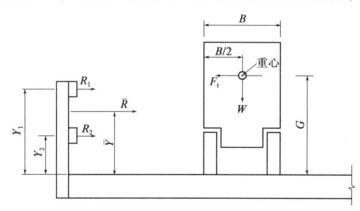

图3-2 车辆与护栏位置关系

(1)所有横梁横向承载力的加权平均高度$\bar{Y}$不应小于表3-4的规定值,$\bar{Y}$的计算方法如式(3-1)所示:

$$\bar{Y} = \frac{\sum(R_i Y_i)}{\bar{R}} \tag{3-1}$$

式中:R_i——第i根横梁的横向承载力(kN);

Y_i——第 i 根横梁的高度(m)。

金属梁柱式护栏横梁横向承载力的加权平均高度 $\overline{Y}$ 表 3-4

防 护 等 级	最小高度(cm)
二(B)	60
三(A)	60
四(SB)	70
五(SA)	80
六(SS)	90
七(HB)	100
八(HA)	110

(2)四级(SB)及四级以下防护等级的金属梁柱式护栏总高度不应小于1m;五级(SA)金属梁柱式护栏总高度不应小于1.25m;六级(SS)及六级以上防护等级的金属梁柱式护栏总高度不应小于1.5m。

金属梁柱式护栏横梁的总高度之和不应小于护栏总高度的25%。与立柱的退后距离对应的横梁之间的净距宜位于图3-3a)所示的阴影区以内或以下,与立柱的退后距离对应的横梁的总高度之和与立柱高度之比宜位于图3-3b)所示的阴影区以内或以上。

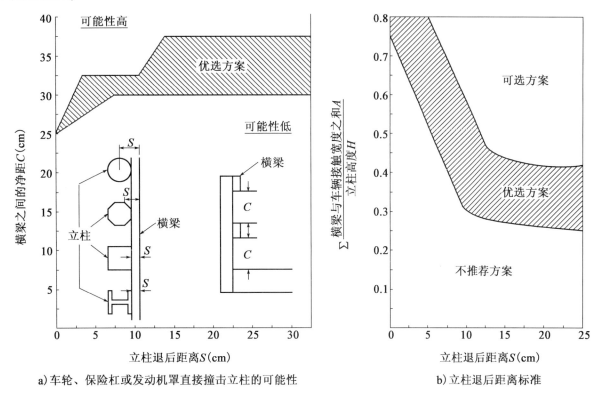

a)车轮、保险杠或发动机罩直接撞击立柱的可能性   b)立柱退后距离标准

图 3-3 桥梁护栏构件规格和设置位置选取标准

金属梁柱式护栏构件的截面厚度应不小于表 3-5 规定的最小值。

金属梁柱式护栏截面最小厚度　　　　　　　　　　　　　　表 3-5

材料	截面形式	最小厚度(mm)			
		主要纵向有效构件	纵向非有效构件和次要纵向有效构件	辅助板、杆和网	抱箍、辅助构件
钢	空心截面	3	3	3	3
	其他截面	4	3	3	3
铝合金	所有截面	3	1.2	3	1.2
不锈钢	所有截面	2	1.0	2	0.5

金属梁柱式护栏横梁的拼接设计应满足下列要求：

（1）如图 3-4 所示，拼接套管长度应大于或等于横梁宽度的 2 倍，并不应小于 30cm。

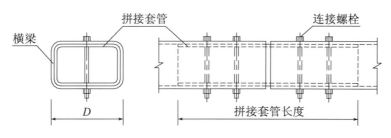

图 3-4　横梁拼接

（2）拼接套管的抗弯截面模量不应低于横梁的抗弯截面模量，连接螺栓应满足横梁极限弯曲状态下的抗剪强度要求。

（3）护栏迎撞面在横梁的拼接处可有凸出或凹入，其凸出或凹入量不得超过横梁的截面厚度或 1cm。

附录 A.5 给出三级（A 级）金属梁柱式护栏的结构设计示例图，该护栏结构及基础已根据现行《公路护栏安全性能评价标准》（JTG B05-01）进行安全性能评价，安全性能指标满足评价标准要求。实际工程应用时，应确保护栏构件及外形尺寸与图中的示例结构相符，同时护栏底座基础连接强度、桥面板承载力以及混凝土底座配筋率不低于附录的示例结构。

当设计中采用其他防护等级以及其他结构形式的金属梁柱式护栏时，护栏结构设计可参考本指南的规定，同时应满足现行《公路交通安全设施设计细则》（JTG/T D81）6.3 节对金属梁柱式护栏设计的要求。

3.1.6　护栏过渡段及端头设计

原桥梁相邻填方路基路段未设路基护栏且车辆在路基路段失控后有可能驶入桥下时，桥梁护栏改造时应增设阻挡车辆在路基路段失控后驶入桥下的路基护栏段。

护栏过渡段及端头设计应符合以下规定：

（1）如图 3-5 所示，设计速度在 60km/h 以上时，桥梁护栏与路基护栏的结构形式不同时应进行过渡段设计，护栏端头应进行外展，外展斜率不宜超过表 3-6 的规定值。对向车行道分界处设置护栏时,下游端头可采用不外展的地锚式端头。

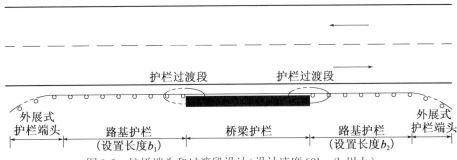

图 3-5　护栏端头和过渡段设计(设计速度 60km/h 以上)

护栏端头外展斜率　　　　表 3-6

设计速度(km/h)	刚 性 护 栏	半刚性护栏
100	1:18	1:14
80	1:14	1:11
60	1:10	1:8

(2)如图 3-6 所示,设计速度在 60km/h 及以下时,桥梁护栏与路基护栏的结构形式不同时宜进行过渡段设计,护栏端头宜进行外展,外展斜率参照表 3-6 确定。地形条件所限无法外展时可采用不外展的地锚式端头,并进行警示提醒或设置立面标记。

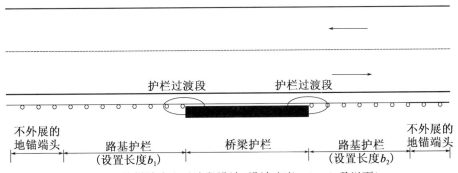

图 3-6　护栏端头和过渡段设计(设计速度 60km/h 及以下)

(3)路基护栏设置长度 b_1 可参照表 3-7 取值,表中速度可取为设计速度、运行速度或限速。对于双车道公路,$b_2=b_1$;对于四车道及以上公路,$b_2=0.5b_1$。

b_1 取 值　　　　表 3-7

速度 (km/h)	b_1 取值(m)	
	通常情况下	事故严重程度为"高"的情况
≤40	8	25
50	30	40
60	40	55
70	50	70
80	60	85
90	75	100
100	90	120

波形梁护栏外展地锚式端头和外展圆头式端头、路基波形梁护栏与桥梁混凝土护栏的过渡段可采用现行《公路交通安全设施设计细则》(JTG/T D81)附录 C 给出的构造示例图,混凝土护栏地锚式端头以及路基波形梁护栏与金属梁柱式护栏过渡段的结构设计可参考现行《公路交通安全设施设计细则》(JTG/T D81)6.2 节和 6.3 节给出的设计示例。

3.1.7 护栏基础设计

桥梁护栏汽车横向碰撞荷载标准值应符合表 3-8 的规定。护栏设计时应根据相应防护等级的碰撞荷载进行护栏与桥面板连接处以及桥面板的承载力验算,承载力验算方法参照现行《公路交通安全设施设计细则》(JTG/T D81)附录 D。

桥梁护栏的汽车横向碰撞荷载标准值　　表 3-8

防护等级	代码	标准值(kN)		纵向分布长度(m)
		$Z=0m$	$Z=0.3\sim0.6m$	
二	B	95	75~60	1.2
三	A	170	140~120	1.2
四	SB	350	285~240	2.4
五	SA	410	345~295	2.4
六	SS	520	435~375	2.4
七	HB	650	550~500	2.4
八	HA	720	620~550	2.4

注:Z 是桥梁护栏的容许变形量。

如图 3-7 所示,当桥面板厚度能够满足化学植筋锚固长度要求时,宜采用化学植筋方式实现护栏与桥面板的连接。当桥面板厚度不能满足化学植筋锚固长度要求时,可采用锚栓连接的方式。植筋和锚栓的锚固计算及构造规定参照现行《公路桥梁加固设计规范》(JTG/T J22)附录 A 和附录 B。设计图纸中应明确给出化学植筋和植入化学锚栓的下列要求:

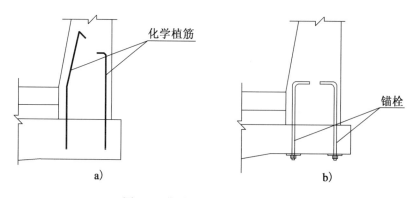

图 3-7 化学植筋或锚栓连接方式

(1)钢筋和锚栓的钢材型号、规格和性能等级;
(2)钢筋和锚栓的设计长度,包括化学植筋的植入深度;

(3)化学植筋和化学锚栓的抗拔力要求;

(4)胶黏剂的胶体性能和黏结能力等性能要求,应规定采用 A 级胶,并经过湿热老化检验合格,同时强调黏结剂应具备证明能够达到相应性能指标要求的产品合格证书。

结合对各防护等级混凝土护栏基础连接设计以及实车碰撞试验研究成果的分析,附录 A 给出了三级(A 级)~五级(SA 级)单坡型混凝土护栏以及六级(SS 级)F 型混凝土护栏与桥面板连接处的化学植筋和锚栓的型号尺寸,实际工程应用时可结合桥面板具体情况选择合适的护栏基础连接方式,同时应确保护栏基础连接强度不低于附录中的示例结构。

当护轮带或人行道纵梁与桥面板之间设有竖向连接钢筋且抗弯和抗剪承载力满足护栏碰撞荷载受力要求时,护栏基础设计应重复利用护轮带和人行道纵梁。

如图 3-8 所示,当护栏基础或桥面板承载力不能满足护栏碰撞荷载受力要求时,可凿除一部分钢筋混凝土桥面现浇层,在桥面现浇层增设与护栏墙体连接的钢筋,加强钢筋与桥面现浇层钢筋焊接或绑扎,凿除的桥面现浇层宽度应满足加强钢筋的锚固长度要求。

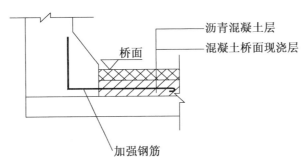

图 3-8 桥面现浇层钢筋加强护栏基础

3.1.8 人行道栏杆设计

人行道栏杆设计应进行栏杆结构以及栏杆底座与桥面板连接的结构验算,人行道栏杆设计荷载应符合现行《公路交通安全设施设计细则》(JTG/T D81)3.5 节的规定。

人行道栏杆构造应符合下列规定:从人行道顶面起,人行道栏杆的最小高度应为110cm;人行道栏杆构件之间的连接应采用能有效避免人员伤害且不易拆卸的方式;栏杆构件间的最大净间距不得大于 14cm,且不宜采用横线条栏杆。采用金属网状栏杆时,网状开口不应大于 5cm。

附录 B 给出了人行道栏杆和桥梁混凝土护栏的组合设置以及人行道栏杆和金属梁柱式护栏的组合设置的结构设计示例图,供设计参考。

3.1.9 防落物网

防落物网设置应满足下列总体要求:

(1)桥梁上跨铁路、饮用水水源保护区、通航河流、高速公路和控制出入的一级公路时,应设置防落物网。

(2)设置声屏障的桥梁可不设置防落物网。

(3)防落物网应进行防腐和防雷接地处理,防雷接地的电阻应小于10Ω。

防落物网的结构设计应符合下列规定:

(1)防落物网按网片形式可分为钢板网、编织网、电焊网、实体板等,选择防落物网形式时,应考虑强度、与公路周围环境的协调性、施工养护的方便性等因素。

(2)防落物网设计时应进行结构强度和稳定性验算,采用的作用应符合现行《公路交通安全设施设计细则》(JTG/T D81)3.5节的规定。

(3)防落物网的网孔规格不宜大于50mm×100mm,桥梁跨越铁路时网孔规格不宜大于20mm×20mm。

(4)跨越高速铁路的立交桥防落物网距桥面的高度应不低于2.5m,跨越一般铁路的立交桥防落物网距桥面的高度应不低于2.0m。

(5)防落物网的设置范围为桥梁下方被保护区的宽度(当上跨桥梁与下穿公路斜交时,应取斜交宽度)并向路外分别延长10~20m,其中上跨铁路的防落物网的设置范围应符合铁路部门的规定。

3.2 交通标志标线设计

3.2.1 一般规定

(1)在役桥梁交通安全设施性能提升改造工程实施时应对原有的交通标志标线进行规范符合性检查,当交通标志标线设置不符合现行《道路交通标志和标线》(GB 5768)、《公路交通标志和标线设置规范》(JTG D82)以及《公路交通安全设施设计规范》(JTG D81)第4章和第5章的规定时,应进行改造。

(2)本指南给出在役桥梁交通安全设施性能提升改造工程实施时与提升路段安全防护水平相关的交通标志标线的设置类型和设置位置要求。交通标志标线的颜色、形状、线条、字符、图形、尺寸、反光要求等应符合现行《道路交通标志和标线》(GB 5768)的规定,交通标志支撑结构设计应满足现行《公路交通安全设施设计细则》(JTG/T D81)4.5节的要求。

(3)桥梁与相邻路基路段的交通标志标线以及桥梁路段同一位置的交通标志标线之间应相互协调,所传递的交通信息不得相互矛盾,不得给交通参与者造成困惑。

(4)交通标志的任何部分不得侵入公路建筑限界以内,交通标志的设置不得影响停车视距。

(5)交通标志之间应保持合理的间距,设计速度大于或等于80km/h的交通标志之间的间隔不宜小于60m,其他交通标志之间的间隔不宜小于30m。如需在保持最小间隔的标志之间增设新的标志,则宜采用互不遮挡的支撑结构形式。

(6)事故多发的桥梁路段可通过增大交通标志尺寸、提升交通标志标线夜间视认性等手段提高警示、诱导和信息传递效果。

（7）限速标志的设置应与加强交通管理措施相结合，设置位置和限速值经交通管理部门认可后方可实施。

3.2.2 交通标志

桥梁路段可采用的交通标志如图3-9所示，包括禁止超车标志、限速标志和窄桥标志等。

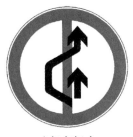

a) 超车标志　　　　　b) 限速标志　　　　　c) 窄桥标志

图3-9　交通标志

禁止超车标志可设置在桥梁路段起点，表示该标志至前方解除禁止超车标志的路段内，不准车辆跨越行车道分界线实施超车行驶。在桥梁路段的终点处应设置解除禁止超车标志。

限制速度标志设在需要限制车辆速度的桥梁路段起点，要求车辆行驶速度不准超过标志所示数值，在桥梁路段终点处应设置解除限制速度标志。设计时应根据路段的运行速度、安全防护设施防护水平以及事故情况进行交通安全分析后确定限速值，可选用小于设计速度的限速值，相邻路段的限速差值不宜超过20km/h。

当桥梁桥面净宽较两端路面宽度变窄，且桥面净宽小于6m时，应设置窄桥标志，用以警告车辆驾驶员注意前方桥面宽度变窄，应谨慎驾驶。窄桥标志到桥梁缩窄过渡段起点的距离可按表3-9的规定选取。

窄桥标志设置位置　　　　　表3-9

设计速度（km/h）	20	30	40	60	80	100
窄桥标志到桥梁起点的距离(m)	30	30	50	80	100	120

3.2.3 交通标线

桥梁路段应设置车行道边缘线。桥梁路段与路基路段同宽时，对向车行道分界线在桥梁长度范围应设置双黄实线或单黄实线，在桥梁引道两端大于160m范围应设置黄色虚实线，如图3-10a)所示；桥梁路段窄于路基路段且宽度小于6m时，在桥梁及两端渐变段范围内不设置对向车行道分界线，如图3-10b)所示。桥梁路段的对向车行道分界线和车行道边缘线可采用振动标线。

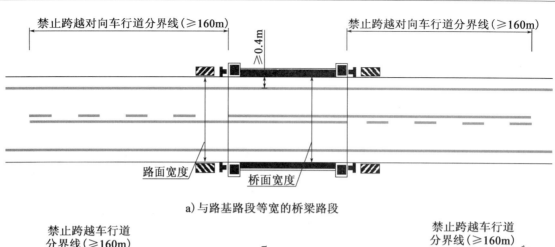

a) 与路基路段等宽的桥梁路段

b) 窄于路基路段且宽度小于6m的桥梁路段

图 3-10　桥梁路段对向车行道分界线和车行道边缘线设置示例

桥梁路段前或路段中的行车道内可采用车行道横向减速标线（图 3-11）或纵向减速标线（图 3-12），横向减速标线可采用振动标线，设置减速标线时应注意标线的排水和防滑，减速标线的设置宜与限速标志以及解除限速标志相互配合。车辆运行速度低于 80km/h 的路段宜采用车行道横向减速标线，车辆运行速度高于 80km/h 或大型车辆混入率较低时，宜采用车行道纵向减速标线。

图 3-11　车行道横向减速标线

图 3-12　车行道纵向减速标线

3.3　设计方案

3.3.1　设置栏杆、未设人行道

（1）根据桥梁所在路段公路技术等级、设计速度、车辆驶出桥外的事故严重程度等级

以及桥梁高度、线形、交通组成等确定桥侧护栏防护等级。

（2）进行护轮带即栏杆底座与桥面板之间的连接强度以及桥面板承载力验算，校核护栏基础连接强度以及桥面板承载力能否满足增设护栏的受力要求。结合栏杆底座与桥面板之间的连接强度、桥面板承载力以及其他护栏选型考虑的因素，选择设置相应防护等级的混凝土护栏或金属梁柱式护栏。

（3）当护轮带即栏杆底座与桥面板之间的连接强度无法满足设置护栏的受力要求时，则拆除护轮带，通过化学植筋或锚栓连接的方式重新设置护栏基础；当桥面板承载力无法满足设置护栏的受力要求时，则进行桥面板加强处理。

（4）当桥面板加强后无法满足设置护栏的受力要求时，应进行经济性和安全性的进一步论证，以确定是否进行桥梁主体结构加固改造或重点采用改善交通标志和标线的主动引导预防措施。

3.3.2 设置护栏、未设人行道

（1）根据桥梁所在路段公路技术等级、设计速度、车辆驶出桥外的事故严重程度等级以及桥梁高度、线形、交通组成等确定桥侧护栏防护等级。

（2）对原有护栏结构进行规范符合性检查，当满足所需防护等级的护栏结构尺寸要求时，可维持原有设置，同时检查原有护栏设置长度、护栏过渡段、护栏端头以及交通标志标线等是否满足指南及现行相关标准规范的规定，对不符合规定之处进行改造完善。

（3）当原有护栏不满足所需防护等级的护栏结构尺寸要求时，可采用护栏改造或拆除重建的设计方案。

（4）护栏改造方案和拆除重建方案设计时，均须进行护栏与桥面板的连接强度以及桥面板承载力验算。当验算不满足受力要求时，可通过化学植筋或锚栓连接加强护栏与桥面板连接，在桥面现浇层增设与护栏底座连接的钢筋加强桥面板。

（5）当桥面板加强后无法满足改造或新建护栏的受力要求时，应进行经济性和安全性的进一步论证，以确定是否进行桥梁主体结构加固改造或重点采用改善交通标志和标线的主动引导预防措施。

3.3.3 设置护栏、栏杆、人行道

（1）当桥梁人行道行人通行较少且桥面宽度所限无法设置满足本指南和现行设计规范要求的护栏时，经安全性、经济性和使用功能的综合论证，可拆除人行道设施。

（2）设计速度60km/h及以下的桥梁，可采用路缘石将人行道和行车道分离，路缘石与人行道也可合并设置，桥侧采用满足车辆防护和行人通行安全需求的组合护栏（图3-13）。

（3）设计速度大于60km/h的桥梁，应采用护栏将人行道和行车道分离，桥侧采用满足行人通行安全需求的栏杆（图3-14）。

（4）根据桥梁所在路段公路技术等级、设计速度、车辆驶出桥外的事故严重程度等级以及桥梁高度、线形、交通组成等确定桥侧护栏防护等级。

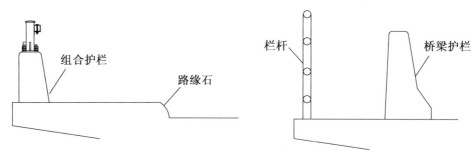

图 3-13 设计速度 60km/h 及以下带有人行道的桥梁护栏和栏杆设置

图 3-14 设计速度大于 60km/h 带有人行道的桥梁护栏和栏杆设置

（5）对原有护栏结构进行规范符合性检查，当满足所需防护等级的护栏结构尺寸要求时，可维持原有设置，同时检查原有护栏设置长度、护栏过渡段、护栏端头以及交通标志标线等是否满足指南及现行标准规范的规定，对不符合规定之处进行改造完善。

（6）当原有护栏不满足所需防护等级的护栏结构尺寸要求时，可采用护栏改造或拆除重建的设计方案。护栏改造方案和拆除重建方案设计时，均须进行桥面板承载力验算，校核桥面板承载力能否满足改造或新建护栏自重和碰撞荷载的受力要求。当桥面板承载力无法满足受力要求时，则进行桥面板加强处理。

（7）当桥面净宽较两端路面宽度变窄且车辆失控后可能正面碰撞人行道端部时，应在人行道端部设置立面标记。

（8）当桥面板加强后无法满足改造或新建护栏的受力要求时，应进行经济性和安全性的进一步论证，以确定是否进行桥梁主体结构加固改造或重点采用改善交通标志和标线的主动引导预防措施。

3.3.4 设置栏杆、悬挑式人行道

（1）当桥梁人行道行人通行较少且桥面宽度所限无法设置满足本指南和现行设计规范要求的护栏时，经安全性、经济性和使用功能的综合论证，可拆除人行道设施。

（2）根据桥梁所在路段公路技术等级、设计速度、车辆驶出桥外的事故严重程度等级以及桥梁高度、线形、交通组成等确定桥侧护栏防护等级。

（3）当桥面布置满足增设护栏的宽度要求时，宜在原人行道纵梁基础上增设护栏将人行道和行车道分离；当原有桥面布置的人行道和行车道宽度不具备设置护栏条件，如图 3-15 所示，可对悬挑式人行道进行改造，将人行道外移，人行道下设托梁或斜撑，人行道纵梁处设置护栏，人行道外侧设置栏杆。

（4）针对增设的护栏和改造的人行道进行护栏基础与桥面板连接处以及桥面板的承载力验算。结合护栏基础与桥面板之间的连接强度、桥面板承载力以及其他护栏选型考虑的因素，选择设置相应防护等级的混凝土护栏或金属梁柱式护栏。

（5）当护栏基础的连接强度以及桥面板承载力验算不满足受力要求时，可通过化学植筋或锚栓连接加强护栏与桥面板连接，在桥面现浇层增设与护栏底座连接的钢筋加强桥面板。

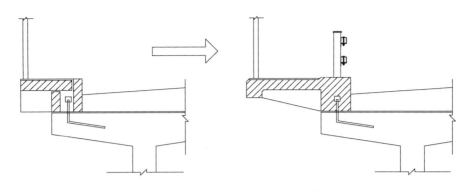

图 3-15 悬挑式人行道增设护栏

(6)当桥面净宽较两端路面宽度变窄且车辆失控后可能正面碰撞人行道端部时,应在人行道端部设置立面标记。

(7)若桥面板加强后仍不能满足增设护栏的承载力要求,应进行经济性和安全性的进一步论证,以确定是否进行桥梁主体结构加固改造或重点采用改善交通标志和标线的主动引导预防措施。

3.3.5 设置栏杆、非悬挑式人行道

(1)当桥梁人行道行人通行较少且桥面宽度所限无法设置满足本指南和现行设计规范要求的护栏时,经安全性、经济性和使用功能的综合论证,可拆除人行道设施。

(2)根据桥梁所在路段公路技术等级、设计速度、车辆驶出桥外的事故严重程度等级以及桥梁高度、线形、交通组成等确定桥侧护栏防护等级。

(3)设计速度在60km/h及以下时,宜拆除人行道栏杆,在原有人行道纵梁上设置护栏基础,将桥侧栏杆改造成满足车辆防护和行人通行安全需求的组合护栏;设计速度大于60km/h时,宜增设护栏将人行道和行车道分离,桥侧仍设置栏杆。

(4)设计时应针对增设的护栏进行护栏基础与桥面板连接处以及桥面板的承载力验算。结合护栏基础与桥面板之间的连接强度、桥面板承载力以及其他护栏选型考虑的因素,选择设置相应防护等级的混凝土护栏或金属梁柱式护栏。

(5)当护栏基础的连接强度以及桥面板承载力验算不满足受力要求时,可通过化学植筋或锚栓连接加强护栏与桥面板连接,在桥面现浇层增设与护栏底座连接的钢筋加强桥面板。

(6)当桥面净宽较两端路面宽度变窄且车辆失控后可能正面碰撞人行道端部时,应在人行道端部设置立面标记。

(7)若桥面板加强后仍不能满足增设护栏的承载力要求,应进行经济性和安全性的进一步论证,以确定是否进行桥梁主体结构加固改造或重点采用改善交通标志和标线的主动引导预防措施。

3.3.6 设置示警墩

(1)根据桥梁所在路段公路技术等级、设计速度、车辆驶出桥外的事故严重程度等级

以及桥梁高度、线形、交通组成等确定桥侧护栏防护等级。

（2）进行桥面板承载力验算，校核桥面板承载力能否满足增设护栏的受力要求。当桥面板承载力满足要求时，拆除示警墩，结合桥面板承载力以及其他护栏选型考虑的因素，选择设置相应防护等级的混凝土护栏或金属梁柱式护栏。

（3）当桥面板承载力不满足受力要求时，进行桥面板加强。若桥面板加强后仍不能满足增设护栏的承载力要求，应进行经济性和安全性的进一步论证，以确定是否进行桥梁主体结构加固改造或重点采用改善交通标志和标线的主动引导预防措施。

4 工程施工

4.1 一般规定

(1)在役桥梁交通安全设施性能提升改造工程施工使用的设施产品以及钢筋、混凝土等主要材料,应具有国家相关管理部门认定的产品性能检测报告和产品合格证,其性能指标应满足设计要求,经进场检验确认后方可使用。

(2)在役桥梁交通安全设施性能提升改造工程施工必须严格遵守安全操作规程,建立健全安全生产管理制度。

(3)在役桥梁交通安全设施性能提升改造工程施工应减少对交通的影响。对于不中断交通的改造工程施工,应严格按照现行《公路养护安全作业规程》(JTG H30)第5章的规定设置临时标志、临时标线和其他安全设施。

(4)改造工程需要拆除人行道设施或在桥面板中植入钢筋或锚栓时,施工过程中应严格控制对桥面板的损伤。

(5)为了在保证施工质量的同时缩短工期,在役桥梁交通安全设施性能提升改造工程施工宜使用早强混凝土,并通过加强现场养生等有效措施来保证混凝土早期强度的增长。

(6)在不中断交通的情况下进行改造工程施工时,应采取措施减小车辆通行时桥梁振动对混凝土凝固的扰动。

4.2 防护设施和交通标志标线施工

混凝土护栏、金属梁柱式护栏以及交通标志标线、人行道栏杆、防落物网等交通安全设施施工安装的技术要求,根据现行《公路交通安全设施施工技术规范》(JTG F71)第4~第7章的规定执行,本指南不再另行规定。

4.3 桥面板加强施工

当采用增设桥面现浇层钢筋的方式进行桥面板加强时,应对桥面板进行凿毛处理,首先凿除桥面铺装层和桥面防水层,然后凿除梁顶面混凝土,使表面粗糙凹凸差不小于6mm,并露出粗集料。

桥面现浇层加强钢筋与桥面现浇层原有钢筋的焊接和绑扎施工应符合现行《公路桥

涵施工技术规范》(JTG/T F50)第4章的规定。焊接钢筋前原有钢筋应进行除锈,并采取措施避免烧伤混凝土。

浇筑混凝土前应清洁原混凝土表面并保持湿润,新浇筑混凝土应振捣密实并及时养生。

4.4 化学植筋和植入化学锚栓施工

化学植筋和植入化学锚栓的施工应根据现行《公路桥梁加固施工技术规范》(JTG/T J23)附录A和附录B的规定执行,施工工艺流程应符合图4-1的规定。

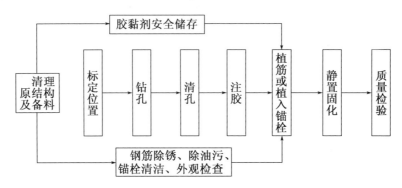

图4-1 化学植筋和植入化学锚栓施工工艺流程

化学植筋和植入化学锚栓用胶黏剂的性能应满足设计要求,施工时应注意材料和配胶方式的相互配套,不得在现场配置胶黏剂。

钻孔前可用钢筋探测仪探测植筋或植入化学锚栓部位的钢筋位置,或凿去保护层暴露钢筋,若孔位处存在钢筋,则应适当调整钻孔位置。钻孔施工若遇到钢筋或预埋件应立即停钻,并适当移动钻孔空位,若移动值太大,应及时通知设计单位予以处理。施工中钻出的废孔,应采用高于构件混凝土一个强度等级的水泥砂浆、聚合物水泥砂浆或锚固胶黏剂进行填实,必要时应插入钢筋。

孔壁清理时应先用硬毛刷清孔,再用洁净的压缩空气清除粉屑;清孔的次数不应少于3次,必要时应用丙酮擦拭孔壁;孔壁应无油污,其干燥程度应达到设计要求。钢筋和锚栓表面应光滑平整、无粉尘碎屑。

植筋和植入化学锚栓用胶黏剂应采用专用灌注器或注射器进行灌注,并应保证在植筋和植入化学锚栓后有少许胶黏剂溢出。注入胶黏剂后应立即单向旋转插入钢筋和锚栓,直至达到设计的深度,并保证钢筋或锚栓与孔壁的间隙基本均匀,矫正钢筋或锚栓的位置和垂直度。严禁将胶黏剂直接涂抹在钢筋或锚栓上植入孔中。

胶黏剂完全固化前,不得触动或振动已植钢筋或化学锚栓,以免影响黏结性能。

5 工程验收

5.1 一般规定

（1）在役桥梁交通安全设施性能提升改造工程所使用的设施产品应符合设计文件要求。工程验收时应进一步检查改造工程施工使用的设施产品以及钢筋、混凝土等主要材料，是否具有国家相关管理部门认定的产品性能检测报告和产品合格证。

（2）交通安全设施采用的钢材应进行防腐处理，防腐层质量应满足设计要求。

（3）本章未包括的其他交通安全设施工程项目，可根据设计文件和现行相关标准规范另行制订检验评定标准。

5.2 交通标志标线、护栏和防落物网

现行《公路工程质量检验评定标准 第一册 土建工程》（JTG F80/1）给出交通标志（第11.2节）、交通标线（第11.3节）、混凝土护栏（第8.12节和第11.5节）、金属梁柱式护栏（第8.12节）、防落物网（第11.10节）等工程质量检验评定标准，在役桥梁交通安全设施性能提升改造工程验收时按照相应规定执行，本指南不再另行规定。

5.3 植入钢筋和化学锚栓

工程验收时应在工程现场对化学植筋和锚栓进行拉拔试验，抗拔力应满足设计要求。

钻孔直径应满足表5-1的要求，直径允许偏差范围为（+2mm、-1mm）；钻孔深度允许偏差范围为（+2mm、-1mm），钻孔垂直度允许偏差范围为（0°、3°），钻孔位置允许偏差范围为（0mm、5mm）。

外观质量应符合下列规定：

（1）锚孔内胶黏剂应饱满，不得有固结现象。

（2）植入钢筋和化学锚栓不得有松动，表面不应有损伤，钢筋不得弯曲90°以上。

（3）化学锚栓应整套使用，不得更换任何部件。

钻 孔 直 径　　　　　　　　　　　　表 5-1

钢筋或锚栓公称直径(mm)	钻孔直径(mm)	钢筋或锚栓公称直径(mm)	钻孔直径(mm)
6	10	18	22
8	12	22	28
10	14	25	30
12	16	28	35
14	18	32	38
16	20		

附录 A 护栏设计示例图

A.1 三级（A级）单坡型混凝土护栏

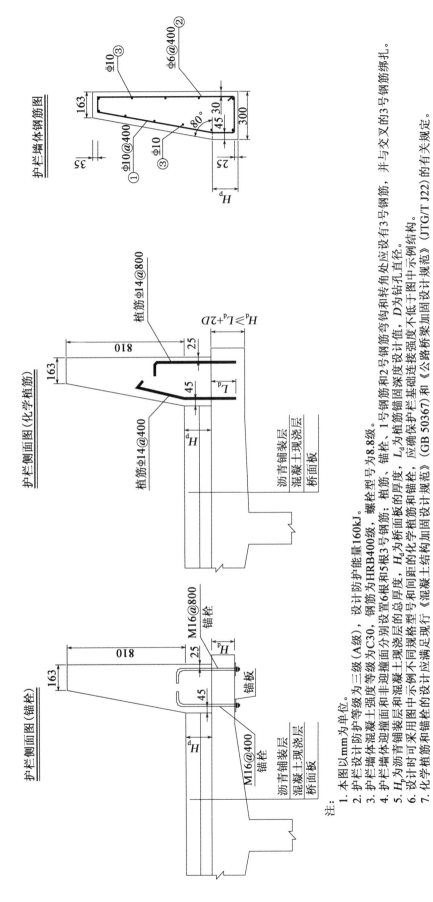

图 A.1 三级（A级）单坡型混凝土护栏

注：
1. 本图以mm为单位。
2. 护栏设计防护等级为三级（A级），设计防护能量160kJ。
3. 护栏墙体混凝土强度等级为C30，钢筋为HRB400级，螺栓型号为8.8级。
4. 护栏墙体迎撞面和非迎撞面分别设置6根和5根3号钢筋；锚栓、1号钢筋和2号钢筋锚固深度设计值，并与交叉的3号钢筋绑扎。
5. H_p为沥青铺装层和混凝土现浇层的总厚度。
6. 设计时可采用图中示例不同规格型号和间距的化学植筋和锚栓，L_d为植筋和化学植筋基础连接强度不低于图中示例结构。应确保护栏基础连接强度不低于图中示例结构，《公路桥梁加固设计规范》（JTG/T J22）的有关规定。
7. 化学植筋和锚栓的设计应满足现行《混凝土结构加固设计规范》（GB 50367）和《公路桥梁加固设计规范》（JTG/T J22）的有关规定。

A.2 四级（SB级）单坡型混凝土护栏

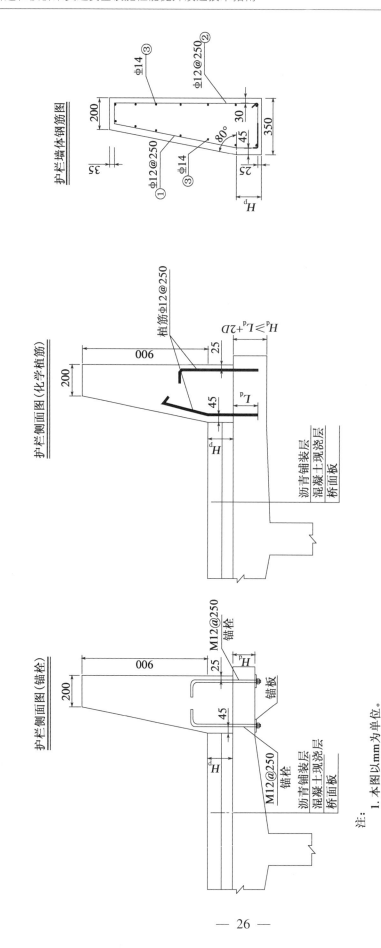

图 A.2 四级（SB级）单坡型混凝土护栏

注：
1. 本图以mm为单位。
2. 护栏设计防护等级为四级（SB级），设计防护能量280kJ。
3. 护栏墙体混凝土强度等级为C30，钢筋为HRB400级，螺栓型号为8.8级。
4. 护栏墙体迎撞面和非迎撞面分别设置7根3号钢筋；植筋、锚栓、1号钢筋和2号钢筋弯钩和转角处应设有3号钢筋，并与交叉的3号钢筋绑扎。
5. H_p为沥青铺装层和混凝土现浇层的总厚度，L_d为植筋锚固深度设计值，H_d为桥面板锚筋基础连接强度不低于图中示例结构，D为钻孔孔直径。
6. 设计时可采用与图中示例的化学植筋和锚栓间距不同规格型号和规格，应确保护栏基础连接强度不低于图中示例结构。
7. 化学植筋和锚栓的设计应满足现行《混凝土结构加固设计规范》（GB 50367）和《公路桥梁加固设计规范》（JTG/T J22）的有关规定。

A.3 五级（SA级）单坡型混凝土护栏

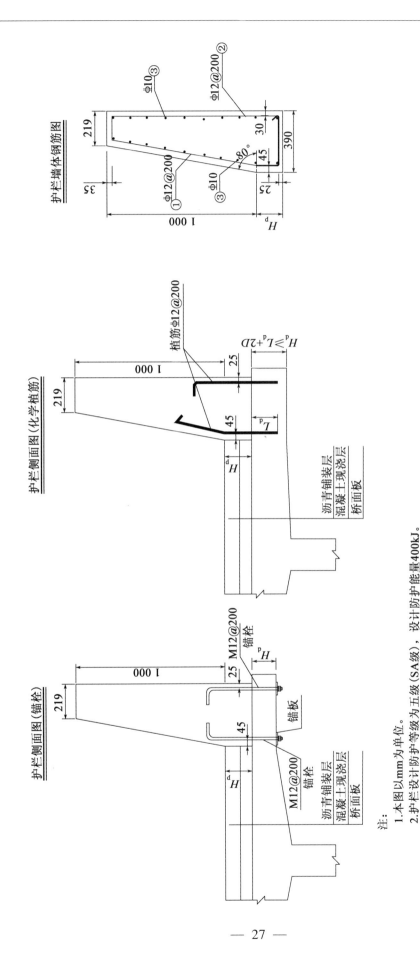

图 A.3 五级（SA级）单坡型混凝土护栏

注：
1. 本图以mm为单位。
2. 护栏设计防护等级为五级（SA级），设计防护能量400kJ。
3. 护栏墙体混凝土强度等级为C30，钢筋为HRB400级，螺栓型号为8.8级。
4. 护栏墙体迎撞面和非迎撞面分别设置10根3号钢筋。
5. H_p为沥青铺装层和混凝土现浇层的总厚度，锚栓、植筋、1号钢筋和2号钢筋弯钩和转角处应设有3号钢筋，并与交叉的3号钢筋绑扎。H_d为桥面板的厚度，L_d为植筋锚固深度设计值，D为钻孔直径。
6. 设计时可采用与示例图中不同规格型号的化学植筋和锚栓，应确保护栏基础连接强度不低于图中示例结构。
7. 化学植筋和锚栓的设计应满足现行《混凝土结构加固设计规范》（GB 50367）和《公路桥梁加固设计规范》（JTG/T J22）的有关规定。

A.4 六级（SS级）F型混凝土护栏

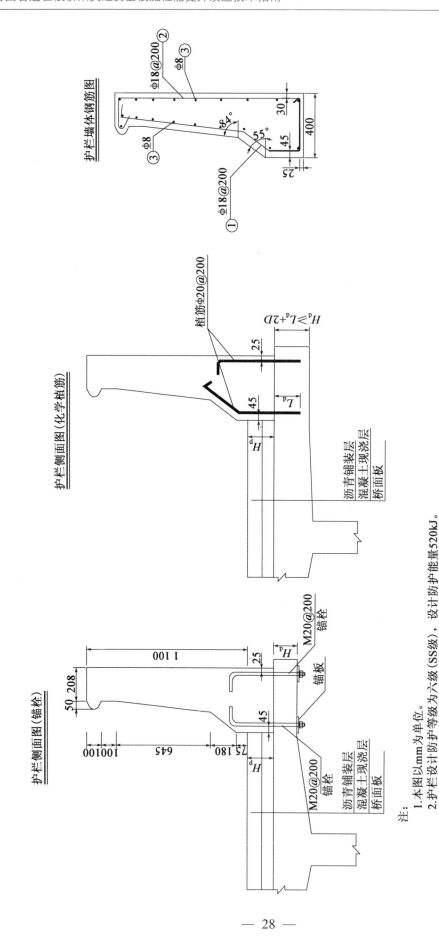

图 A.4 六级（SS级）带阻爬坎的F型混凝土护栏

注：
1. 本图以mm为单位。
2. 护栏设计防护等级为六级（SS级），设计防护能量520kJ。
3. 护栏墙体混凝土强度等级为C30，钢筋为HRB400级，螺栓型号为8.8级。
4. 护栏墙体迎撞面和非迎撞面分别设置10根和9根3号钢筋，1号钢筋和12号钢筋弯钩和转角处应设有3号钢筋，并与交叉的3号钢筋绑扎。
5. H_p为沥青铺装层和混凝土现浇层的总厚度，H_d为桥面板的厚度，L_d为植筋锚固深度设计值，D为钻孔直径。
6. 设计时可采用与混凝土结构不同规格型号的化学植筋和锚栓，应确保护栏基础连接强度不低于图中示例结构。
7. 化学植筋和锚栓的设计应满足现行《混凝土结构加固设计规范》（GB 50367）和《公路桥梁基础化学植筋和锚栓》（JTG/T J22）的有关规定。

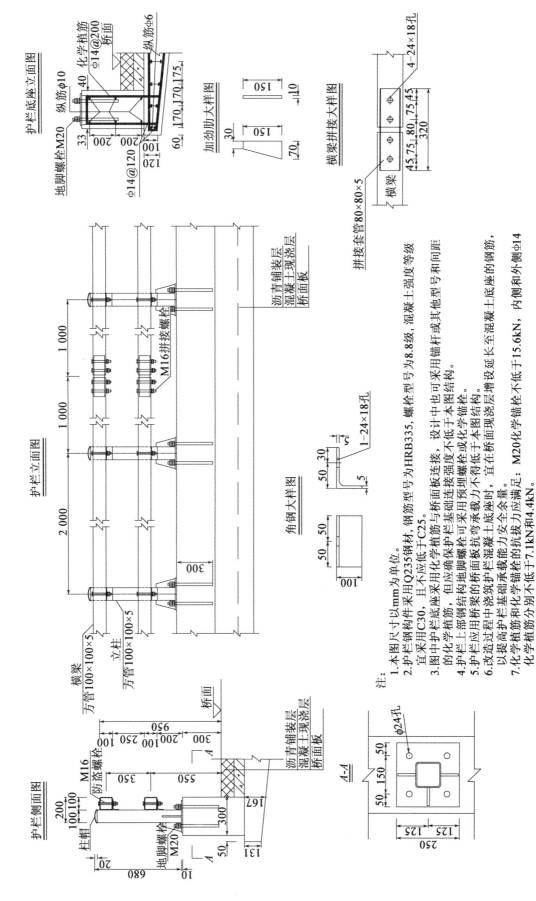

图 A.5 三级（A 级）金属梁柱式护栏

附录 B 人行道栏杆和桥梁护栏组合设置示例图

B.1 人行道栏杆和混凝土护栏的组合设置

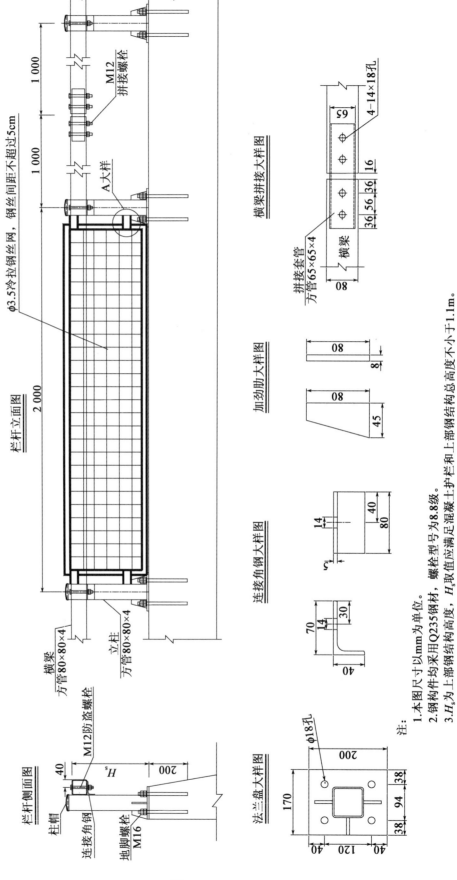

图 B.1-1 人行道栏杆和钢筋混凝土护栏组合设计（一）

注：
1. 本图尺寸以mm为单位。
2. 钢构件均采用Q235钢材，螺栓型号为8.8级。
3. H_s为上部钢结构高度，H_s取值应满足混凝土护栏和上部钢结构总高度不小于1.1m。
4. A大样详见图B.1-2。

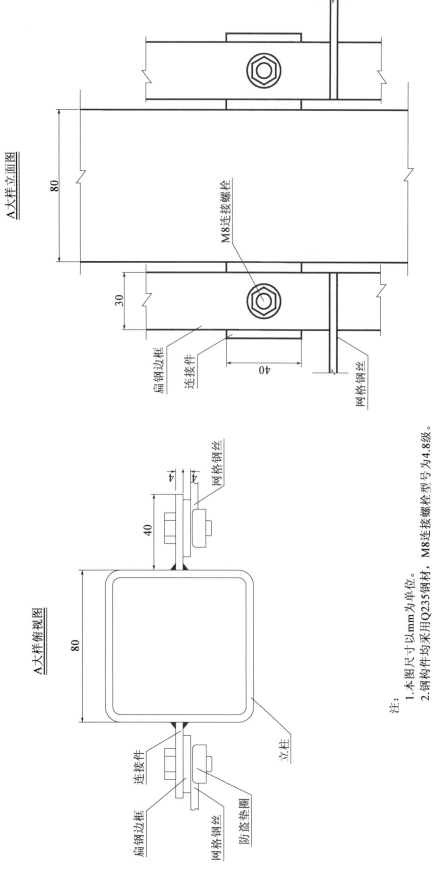

图 B.1-2 人行道栏杆和钢筋混凝土护栏组合设计（二）

B.2 人行道栏杆和金属梁柱式护栏的组合设置

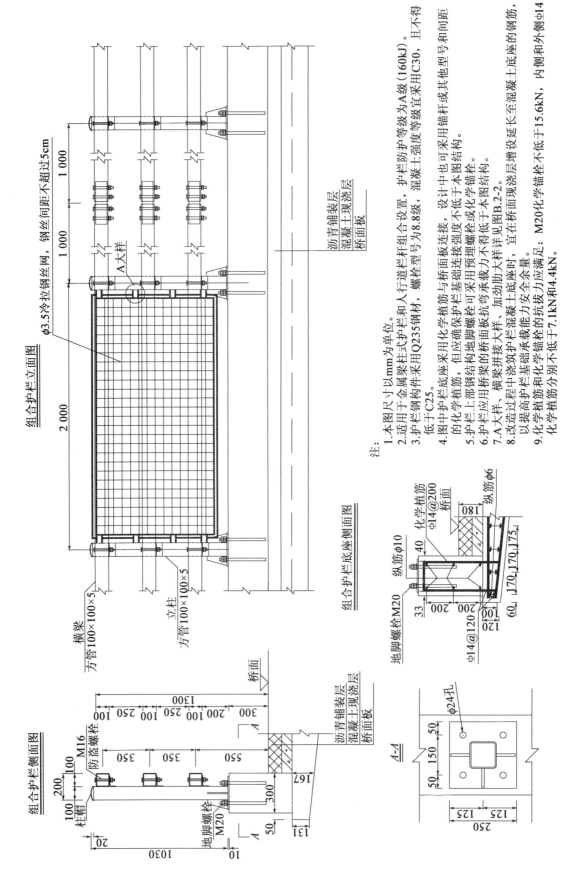

图 B.2-1 人行道栏杆和金属梁柱式护栏组合设置（一）

附录 B 人行道栏杆和桥梁护栏组合设置示例图

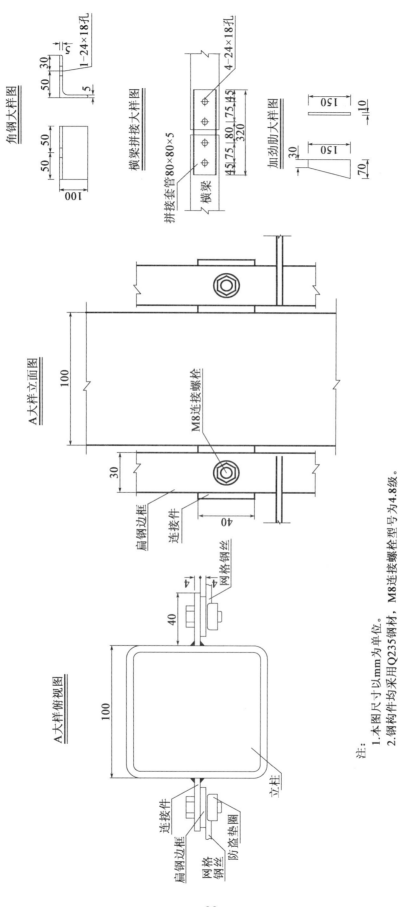

图 B.2-2 人行道栏杆和金属梁柱式护栏组合设置（二）

注：
1. 本图尺寸以 mm 为单位。
2. 钢构件均采用 Q235 钢材，M8 连接螺栓型号为 4.8 级。

— 33 —

附录 C　设计方案示例

　　附录 C 结合各种类型的桥梁主体结构、桥面布置以及安全防护设施设置,给出了安全防护设施提升改造工程设计的思路和步骤,供设计人员参考。设计中可根据桥梁技术现状以及现场运营管理的实际情况对设计方案有所调整,但设计方案制定以及采用的技术指标应满足指南和现行相关标准规范的规定。

C.1　设置栏杆、未设人行道

示例:S205 遵马线鲤鱼塘大桥
1)桥梁主体结构、桥面布置以及安全防护设施现状

　　三级公路,双曲拱桥,技术状况未评定,跨越长江水系,桥面距常水位距离 56m,桥梁宽度 0.45m+7.1m+0.45m,栏杆高度 0.95m,底宽 0.45m。如图 C.1 所示。

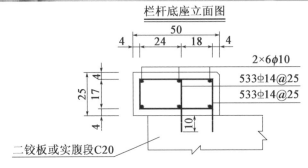

图 C.1　桥梁主体结构、桥面布置以及安全防护设施现状(尺寸单位:cm)

2）设计方案

原桥护轮带与桥面板之间设有竖向连接钢筋（直径14mm二级钢筋），钢筋锚固长度为10cm，不符合现行《公路钢筋混凝土及预应力混凝土桥涵设计规范》（JTG 3362）的钢筋锚固长度规定，因此护轮带及连接钢筋不能作为护栏基础重复再利用，建议将护轮带拆除。

桥梁路段为三级公路，车辆驶出桥外的事故严重程度等级为"中"，护栏基础防护等级为B级，桥面距常水位距离56m，属于"桥梁高度在30m及以上的路段"，护栏防护等级应由B级提高为A级。护轮带底宽50cm，能够满足A级护栏设置宽度要求。

安全防护设施改造设计方案如图C.2所示。

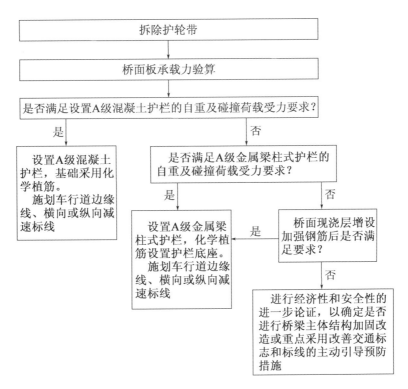

图C.2 安全防护设施改造设计方案

C.2 设置护栏、未设人行道

示例：G320上瑞线K2248+800夏云立交桥

1）桥梁主体结构、桥面布置以及安全防护设施现状

二级公路，空心板梁，技术状况一类，下穿通道，桥梁宽度0.3m+8.5m+0.3m，波形梁护栏，宽度0.3m，高度0.7m。如图C.3所示。

2）设计方案一

根据护栏防护等级选取原则的规定，当设计速度为40km/h时，跨越公路，车辆驶出桥外的事故严重程度等级为"高"，若该路段不符合需要提高护栏防护等级的线形、交通组成等规定，则护栏防护等级达到A级即可。

图 C.3　桥梁主体结构、桥面布置以及安全防护设施现状

首先对原有波形梁护栏结构尺寸进行规范符合性检查,若满足 A 级波形梁护栏的设置要求,护栏标准段可维持原有设置,但须将护栏延长至路基段,满足护栏设置长度要求,并设置波形梁护栏外展式或地锚式端头,同时对桥梁路段限速40km/h,并完善交通标志和标线。

交通标志和标线设计方案为:设置40km/h限速标志,施画车行道边缘线和对向车行道分界线,采用振动标线作为对向车行道分界线和车行道边缘线。

3)设计方案二

桥梁路段为二级公路,若不采取限速措施,按照设计速度60km/h,跨越公路,车辆驶出桥外的事故严重程度等级为"高",护栏防护等级应为 SB 级,原有波形梁护栏防护等级不满足要求,应进行改造。改造方式建议为拆除原有波形梁护栏,针对桥梁主体结构情况选择设置混凝土护栏或金属梁柱式护栏。

安全防护设施改造设计方案如图 C.4 所示。

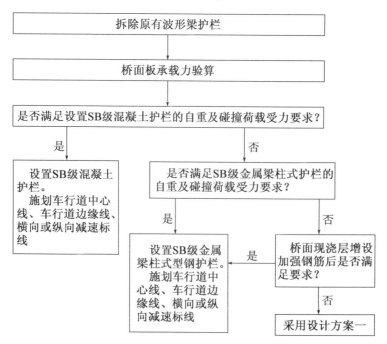

图 C.4　安全防护设施改造设计方案

C.3 设置护栏和栏杆、悬挑式人行道

示例:G320 上瑞线 K2251+900 坝陵桥

1)桥梁主体结构、桥面布置以及安全防护设施现状

二级公路,石拱桥,技术状况一类,跨越河流,桥面距常水位距离 17m,桥梁宽度 0.13m+1m+8.5m+1m+0.13m,栏杆高度 1m,底宽 0.13m。如图 C.5 所示。

图 C.5 桥梁主体结构、桥面布置以及安全防护设施现状

2)设计方案

根据护栏防护等级选取原则的规定,二级公路,车辆驶出桥外的事故严重程度等级为"中",若该路段不符合需要提高护栏防护等级的线形、交通组成等规定,护栏防护等级达到 A 级即可。

首先对原有波形梁护栏结构尺寸进行规范符合性检查,若满足 A 级波形梁护栏的设置要求,护栏标准段可维持原有设置,但须在波形梁护栏和相邻的混凝土护栏之间设置护栏过渡段进行平顺衔接。若个别结构尺寸不满足要求,可进行更换波形板以及立柱加高等处理,使之与规范规定的 A 级波形梁护栏结构相符。

交通标志和标线设计方案为:完善车行道中心线、车行道边缘线、横向或纵向减速标线。

C.4 设置护栏和栏杆、非悬挑式人行道

示例:G212 兰龙线 K227+924 岩脚中桥

1)桥梁主体结构、桥面布置以及安全防护设施现状(图 C.6)

二级公路,预制 T 形梁桥,技术状况一类,跨越河流,桥梁宽度 0.25m+1.5m+11.5m+1.5m+0.25m,栏杆高度 1.27m,底宽 0.25m,路缘石高度 30cm,宽度 20cm。

2)设计方案

图 C.6　桥梁主体结构、桥面布置以及安全防护设施现状

根据护栏防护等级选取原则的规定,二级公路,车辆驶出桥外的事故严重程度等级为"中",若该路段不符合需要提高护栏防护等级的桥梁高度、线形、交通组成等规定,护栏防护等级达到 A 级即可。

原有护栏为铸钢立柱和圆管横梁,损坏较为严重,该护栏形式横梁较弱,铸钢立柱较强,车辆碰撞后容易在立柱处产生绊阻,而且护栏高度也不满足 A 级防护等级要求,存在较大的安全隐患,建议拆除。

人行道高度与 A 级金属梁柱式护栏混凝土底座高度接近,同时考虑护栏的通透性以及景观效果,推荐设置 A 级金属梁柱式护栏。

安全防护设施改造设计方案如图 C.7 所示。

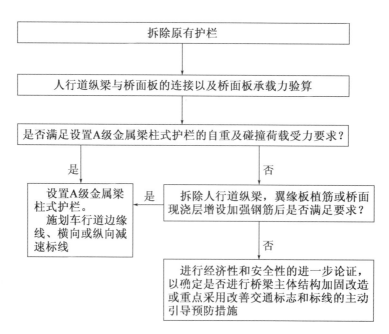

图 C.7　安全防护设施改造设计方案

C.5 设置栏杆、悬挑式人行道

示例:G210 线大河桥

1)桥梁主体结构、桥面布置以及安全防护设施现状(图 C.8)

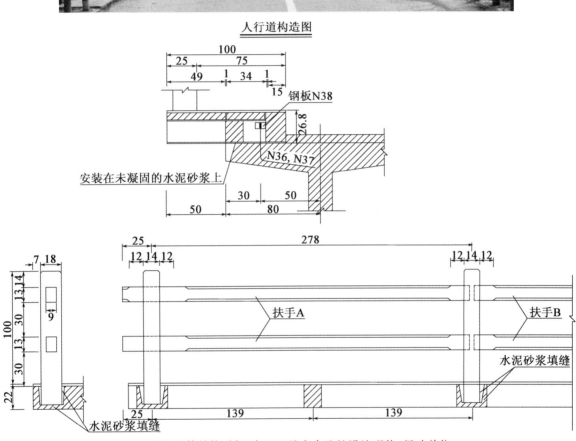

图 C.8 桥梁主体结构、桥面布置以及安全防护设施现状(尺寸单位:cm)

三级公路,简支 T 形梁桥,跨越河流,桥梁宽度 0.25m+0.75m+7m+0.75m+0.25m,栏杆高度 1m,底宽 0.25m,人行道纵梁高度 18.8cm,宽度 15cm。

2)设计方案

桥梁路段为三级公路,车辆驶出桥外的事故严重程度等级为"中",护栏基础防护等级为 B 级,若该路段不符合需要提高护栏防护等级的桥梁高度、线形、交通组成等规定,护栏防护等级达到 B 级即可。

原有桥面布置的人行道和行车道宽度不具备设置护栏条件,可对悬挑式人行道进行改造。人行道和护栏改造方案如图 C.9 所示,将人行道外移,人行道下设托梁或斜撑,人行道外侧设置栏杆。桥梁主体结构为简支 T 形梁桥,选择对翼缘板承载力要求较低的金属梁柱式护栏。金属梁柱式护栏混凝土底座使用原有人行道纵梁竖向连接钢筋。

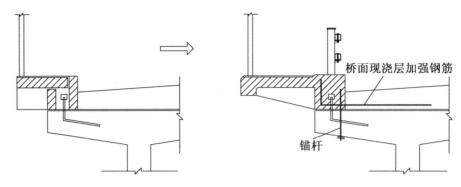

图 C.9 人行道和护栏改造方案

设计时首先应针对增设的护栏和改造的人行道进行护栏与桥面板连接处以及桥面板的承载力验算,当承载力不足时,可植入锚栓加强护栏与桥面板连接,在桥面现浇层增设与护栏底座连接的钢筋加强桥面板。若加强后承载力验算仍不能满足要求,应进行经济性和安全性的进一步论证,以确定是否进行桥梁主体结构加固改造或重点采用改善交通标志和标线的主动引导预防措施。

交通标志标线设计方案为:若进行人行道和护栏改造,应施画车行道边缘线和纵向减速标线;若不进行人行道和护栏改造,应设置限速标志,设置慢行标志,施划车行道边缘线,采用振动标线作为对向车行道分界线和车行道边缘线。

C.6 设置栏杆、非悬挑式人行道

示例:G324 线犀牛塘大桥

1)桥梁主体结构、桥面布置以及安全防护设施现状(图 C.10)

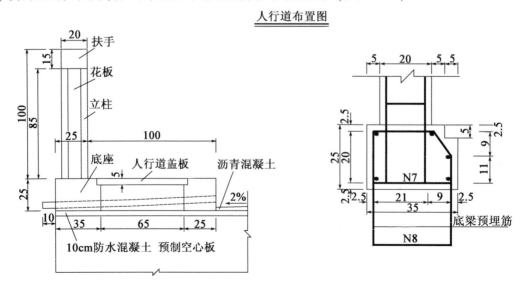

图 C.10 桥梁主体结构、桥面布置以及安全防护设施现状(尺寸单位:cm)

二级公路,桥梁上部结构为 $5 \times 20\text{m}$ 预应力混凝土简支空心板桥。桥面连续,上设 10cm C40 现浇桥面混凝土,7.5cm 沥青混凝土桥面铺装。桥梁宽度 $0.25\text{m} + 1\text{m} + 7\text{m} + 1\text{m} + 0.25\text{m}$。

2)设计方案

桥梁路段为二级公路,车辆驶出桥外的事故严重程度等级为"中",护栏基础防护等级为 A 级,若该路段不符合需要提高护栏防护等级的桥梁高度、线形、交通组成等规定,护栏防护等级达到 A 级即可。

改造设计时可采用将栏杆改造成护栏和人行道栏杆组合设置的方案,原有人行道底座宽度 35cm,能够满足 A 级护栏的设置宽度要求。

安全防护设施改造设计方案如图 C.11 所示。

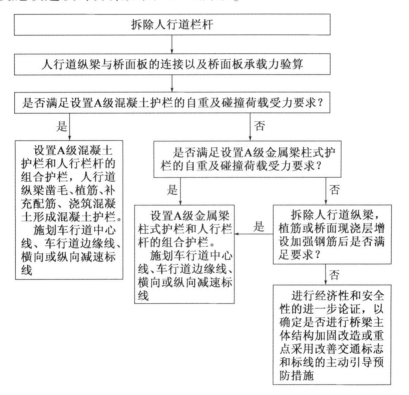

图 C.11 安全防护设施改造设计方案

示例:S305 线洛旺河大桥

1)桥梁主体结构、桥面布置以及安全防护设施现状(图 C.12)

三级公路,桥梁上部结构为 $72.5\text{m} + 125\text{m} + 72.5\text{m}$ 预应力混凝土连续刚构,净 $7\text{m} + 2 \times 1\text{m}$ 人行道,桥面全宽 9.5m,桥墩最高 88m。

2)设计方案

桥梁路段为三级公路,车辆驶出桥外的事故严重程度等级为"中",护栏基础防护等级为 B 级,桥墩最高高度 88m,护栏防护等级宜在 B 级基础上提高为 A 级。

改造设计时可采用将栏杆改造成护栏和人行道栏杆组合设置的方案,原有人行道纵梁底宽 40cm,桥面布置能够满足 A 级护栏设置宽度要求。

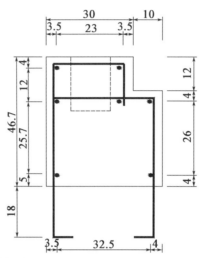

图 C.12　桥梁主体结构、桥面布置以及安全防护设施现状(尺寸单位:cm)

安全防护设施改造设计方案如图 C.13 所示。

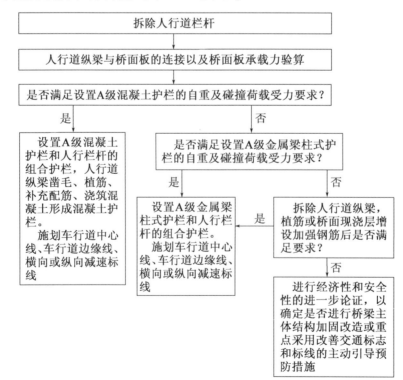

图 C.13　安全防护设施改造设计方案

C.7　设置示警墩

示例:S205 遵马线杜仲小河桥

1)桥梁主体结构、桥面布置以及安全防护设施现状(图 C.14)

图 C.14　桥梁主体结构、桥面布置以及安全防护设施现状

三级公路,板拱,技术状况一类,跨越河流,桥面与常水位距离 6.5m,桥梁宽度7.8m,桥梁全长 10.1m。

2)设计方案

根据护栏防护等级选取原则的规定,三级公路,车辆驶出桥外的事故严重程度等级为"中",若该路段不符合需要提高护栏防护等级的线形、交通组成等规定,护栏防护等级应达到 B 级。原有示警墩不能达到 B 级防护要求,示警墩未设置基础连接钢筋,因此建议拆除。

安全防护设施改造设计方案如图 C.15 所示。

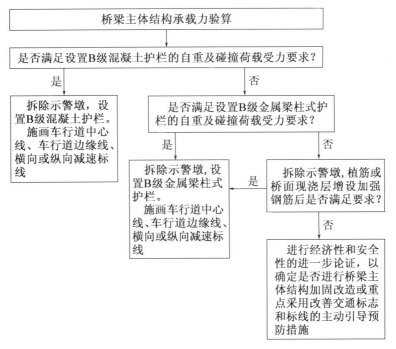

图 C.15　安全防护设施改造设计方案